ADVIS SVR LES CAVSES DES MOVVEMENS DE L'EVROPE.

Enuoyé aux Roys & Princes, pour la conseruation de leurs Royaumes & Principautez.

FAIT PAR MESSIRE ALERIMAND Conrad, Baron d'Infridembourg, & Comte du Palatinat.

Et presenté au ROY, par le Comte de Fistemberg, Ambassadeur de l'Empereur.

Traduict par le Commandement de sa Majesté.

A PARIS,
Chez PIERRE ROCOLET, au Palais, en la galerie des prisonniers.
M. DC. XXI.
Auec Priuilege du Roy.

ADVIS DONNE AVX ROYS ET PRINCES,

Sur le subject des Guerres de ce temps, pour la conseruation de leurs Estats & Monarchies.

ENVOYEE AV PRINCE Palatin, par le Comte de Fridembourg.

DEux choses, ô Roys inuincibles & Princes tres-Illustres, m'ont conuié à vous escrire; l'Experience & ma Vieillesse; Cette-cy me doit donner credit vers vous, puisque i'ay quatre vingts trois ans passez, Que ie suis sans enfans ny successeur qui m'oblige à rechercher vos faueurs: & qu'il ne me reste rien à desirer de vos Bien-veillances, mes yeux n'estant plus occupez qu'à considerer le lieu de ma Sepulture.

L'experience me doit aussi authoriser pres de vous, puis que sans soupçon de vanité ie puis monstrer que depuis la iournée de Pauie iusques en l'année 1585. i'ay continuellement porté les armes, exercé les plus grandes charges de la Milice, receu vingt-cinq playes le visage tourné vers les ennemis, esté recompensé treize fois extraordinairemẽt pour seruices rendus, & qu'encores à present mon extréme vieillesse est employée aux Ambassades & Conseils d'importance.

C'est pourquoy les larmes à l'œil, & l'Esprit sur les leures, ie vous inuite, ô Roys & Princes d'auoir memoire de ces dernieres parolles: Et vous coniure de les oüyr & lire vous mesme attentiuement, & ne vous contenter de les sçauoir par le rapport de vos gens d'affaires: Pource qu'aucuns d'eux ont à contre-cœur les Conseils pour bons qu'ils puissent estre, qui ne sont prouenus de leur iugement; D'autres trauaillez d'ambition ou de leurs particuliers interrests, pour demeurer plus longuement en l'estime des Princes qu'ils seruent, esloignent de leur Cour & de leurs Conseils ceux qui s'en veulent approcher.

Ie desire toutesfois que les vns & les autres soient satisfaicts de moy; les premiers pour ce qu'ils cognoistront clairement que mon aduis est salutaire, & qu'il n'a encore esté proposé; & les derniers ne me trouueront enuieux de leurs commoditez, ny competiteur en leurs charges; m'estant permis de dire auec le fidel amy du Roy tressainct, Quels sont les iours de ma vie, pour mõter auec le Roy en Hierusalem? Ie suis à cette heure Octogenaire, n'ay-je pas encore les sens assez bons pour discerner le doux d'auec l'amer; Voulant donc sincerement, sans esperance ny crainte de bien ny de mal, comme estant sur le point de rendre compte au Iuge Eternel, dire ce qu'il me semble des affaires qui roullent à present, & ausquelles j'ay occupé la meilleure partie de ma vie, ie vous demande, ô Roys & Princes vne fauorable attention.

Desia par vn siecle entier nous auons veu auec douleur partie de l'Europe dissipé en des dissētions ciuilles & l'autre craignãt les maux qu'apporte la guerre, consommer ses commoditez en appareils pour s'en deliurer; Les causes de telles émotions n'ont esté que trop cogneües, estant certain qu'vne profonde auarice, vn appetit desreiglé de dominer, ou bien vne excessiue superstition les ont produit: car encore que les bons Princes soient Religieux à ne declarer la guerre que par vne pressante necessité, si ne s'en treuueil que rarement qui n'aye ce desir d'estendre les limites de leur souueraineté. Et tout ainsi que la fumée noircit indifferemment tout ce qu'elle rencontre, de mesme ces pestes s'insinuent dans les ames, & par de funestes persuasions dépurauent ce qui a esté vertueusement institué: D'où vient que trouuant place dans les esprits des Roys & Princes, elles infectent incontinent les Chefs des gens de guerre, & portent les volontés des soldats à desirer des nouueautez; ce qui fait que les armées (quoy que mises sur pied, pour deffenpre les bons contre les meschans) ne laissent de commettre toutes sortes d'excés & de violences, & en fin malheureusement se dissiper: Ainsi chacun donne maintenant, comme on a fait autresfois, telle couleur qu'il veut à ses armes; aucuns les couurent d'vn mãteau de Iustice, d'autres font trophees de leur impieté? & rarement s'en rencontre-il qui aye le pretexre si bon qu'il ne s'y trouue quelque malice noire, secrettemẽt entremeslee; Toutes lesquelles causes sont auiourd'huy conjointes à vne autre plus puissante; & qui les rẽd moins susceptibles de remedes qu'elles ne l'estoient auparauant; c'est elle qui r'assemble, émeut, & fait agir les vices plus violẽmẽt qu'à l'ordinaire: Et afin que la cognoissiés, ie vous diray, ô Rois & Princes, ce que personne n'oseroit vous reprocher, si elle n'est sur le bord du cercueil: C'est vostre ignorãce, peu de soin & damnable lentitude aux affaires, veu que du sçauoir, vigilance & action, dépendent les piuots sur lesquels les Royaumes ont coustume de se mouuoir. Que si trop librement ie vous parle, vous deuez pardonner à ma franchise, puis que vous escoutez vn veritable Conseiller, & non vn flatteur, & que les meilleurs Cõseillers sont ceux qui sont morts ou proches de mourir: L'ignorance des Rois est, qu'ils pensent ne faire la guerre que pour r'auoir ce qui leur appartient, venger des outrages, deffendre leurs alliez, proteger la pieté: & toutesfois les desseins de ceux qui les jettent en telles entreprises sont tous autres, & les euenements dissemblables, ne desirant rien plus sinon que les Rois & Princes soient despoüillez de leurs Estats, que la forme obseruée au maniment de la chose publique soit changée, que les Maistres des Roys commandent à leurs Ministres, & que l'Allemagne affoiblie par de sanglants combats, soit en fin reduite à souffrir le joug de la tyrãnie des Ottomans.

Du temps de nos peres, Charles Duc de Gueldre, qui fut surnommé le Hardy pour ſon haut courage,eut guerre ciuile auec le Roy de France,les pretextes en furent diuers, la gloire de s'agrandir, la vengeance des iniures: & comme écrit Commines,qui participoit aux conſeils plus ſecrets,le Roy ny Charles ne ſceurent oncques les cauſes pour leſquelles leurs Miniſtres & Capitaines les auoient jettez aux armes;ceux du Roy preſſoient leur Maiſtre de rompre auec le Duc, afin que la puiſſance de Charles eſtant diminuée,il fut reduit à implorer la paix par l'entremiſe de quelque Prince du ſang, auquel il donneroit ſa fille en mariage:Et pource on luy écriuoit de la Cour du Roy qu'il vint en France, & qu'il y trouueroit des amis.

Ainſi à leur dommage ces Princes ſe faiſoient la guerre à l'appetit de leurs Seruiteurs, & ſans legitime occaſion, mettoient leurs Prouinces à Feu & à Sang.

Encore à cette heure vos armes ſont aueugles,ô Roys & Princes, parce que, ou vous eſtes perfidemment pouſſez à la guerre par vos Domeſtiques, ou doleuſement par les Eſtrangers,& tous deux concurrent en meſme volonté de bouleuerſer meſchamment voſtre Monarchie ou Principauté, qui eſt le poinct auquel ſe termine la fureur des émotions: & ſi l'on daigne conſiderer de

prez

ces Flambeaux ou Trompettes de Seditions; on trouuera qu'ils ont affoibly les Monarchies pour les changer en Aristocratie ou Democratie, & que par leurs artifices les forces des Roys, & les richesses des particuliers ont seruy à produire telle mutation : & tout de mesme qu'on voit au cours de la vie vn Circuit, & qu'auec la suitte des années les affections changent l'estude & les exercices; ainsi dans le corps du Monde, & en la societé des Mortels, il s'y remarque vne pareille diuersité, qui n'est pas seulement vtile, mais aussi approuuée.

Au commencement que les peuples furent diuisez en Nations, les Citez estoient souuerainement regies par les Roys, & viuoient en paix & douceur sous leur authorité; tous vouloient vn Roy, vnissoient leurs volontez pour l'eslire, puis le conseruoient au peril de leurs vies : Mais aussi-tost que les Roys eurẽt mis les peuples à mespris, imposé sur eux des tributs, exigé des peages, commandé des ouurages outre raison, & que ce qu'ils auoiẽt osté aux necessiteux se voyoit consumé au luxe de leurs suiuants, la forme du Gouuernement fut changée, & au lieu des Roys, le peuple, ou les Principaux prindrent en main le regime Souuerain.

Apres que les Tarquins eurent esté chassez de Rome, peu de Roys commanderent en Italie, & demeurerent les Peuples quasi en vne entiere liberté : les premieres Histoires font mention de Tatius Sabinus, & les dernieres de Porsenna, qui s'efforça de remettre les Tarquins : & lors, vn Roy assaillit l'autre; les Latins entreprindrent la mesme chose, afin que le Peuple qui commandoit dehors, seruist dedans la ville, ou pource que les Latins en establissant leur Roy affermissoient par ce moyen leur puissance.

Or pour sçauoir quelle haine conceut en ce temps là le Peuple d'Italie contre le nom de Roy, les calamitez que souffrirent les Veientins le monstrerent assez, lesquels pour auoir creé vn Roy entre-eux, afin d'éuiter eminent peril, furent abandonnez de leurs Voisins au besoin.

Depuis, la puissance des Romains croissant, le nom de Roy se perdit; l'Italie & l'Espagne estoient sans Roys ; l'Affrique auoit celuy de Numidie & quelques autres ; celuy des Carthaginois estoit puissant, & son Empire estendoit ses limites sur celles des autres Roys; la Gaule en auoit peu, & l'Allemagne n'auoit que de petits roytelets ; le mesme estoit dans les nobles contrées de l'Asie ; &

d'autant que leurs esprits estoient éloignez de la Royauté, ils choisirent le Gouuernement populaire ; D'où vindrent les Ptolomées, Antiochus, Attalus, Dejotarus, Nicomedes, Massinissa, & autres qui furent faits captifs ou tributaires des Romains, & ne regnerent que par leur permission, iusques à ce que de leur consentement ou par force, leurs Prouinces estant subiuguees, ils seruirent d'accroissement à la grandeur des plus puissants.

Ce temps-là auquel les esprits estoient portez à hayr les Roys, semble par vne vicissitude des choses estre maintenant retourné ; veu qu'on ne s'ayde à ceste heure de la force des Roys que pour ruiner les autres Roys, & en leurs places substituer des Gouuernements populaires. De sorte que si leurs desseins reüssissent, à peine dans peu de iours, ouïra-on parler du nom de Roy dans les plus florissants Royaumes, leur pensée ne visant à autre obiect sinon de l'abolir, & par audace & legereté former de nouuelles Republiques; Ils presument en ce faisant de prendre part dans la souueraineté, & qu'ils commanderont & obeyront à leur tour ; ce qu'ils sçauent n'auoir lieu dans les Royaumes & Principautez.

Vne autre eſperance encore les nourrit, qui n'eſt vaine, de pouuoir en brief chaſſer les Roys de l'Europe, s'ils ne ſont preuenus; dequoy les ſages Politiques diſcourent en ceſte ſorte.

Dans le deſtroit de la mer Adriatique, la Nobleſſe de Veniſe y commande abſolument; laquelle confederée auec le Turc, a conquis ſur les Princes ſes voiſins ce qu'ils y poſſedoient; le reſte de l'Italie qui auoit à meſpris les Empereurs de Conſtantinople à l'imitation des Venitiens, leue la teſte, eſperant d'obtenir vne ſemblable liberté; ſes principalles villes ſont Milan, Gennes, Piſe, Florence, Luques, leſquelles ſe ſont roidies contre les Roys, iuſques à ce qu'elles ayent eſté extenuees par guerres continuelles. Les Suiſſes pareillement ſe ſont ſouſtraits de la domination de leurs Princes, & non contents de s'eſtre reuoltez, ſe ſont mis en deuoir de ruiner entierement la Nobleſſe de leur pays; & apres auoir acquis leur liberté auec grand' perte de ſang, ils ont fait des loix ſoubs leſquelles ils viuent, ſe ſont liguez auec les autres peuples qui habitent les Alpes, & par ce moyen rendu formidables aux Roys, & faits arbitres des guerres entre Frãce & Allemagne; lequel exemple cognu d'vn chacun, a eu d'autant plus de force pour esmouuoir les autres peuples a sortir de l'obeyssance, que personne n'a consideré la consequence d'vn tel changement, ny le peril qui s'en peut ensuiure.

Les Grisons se sont ioints aux Suisses, & autres peuples qui habitent les Alpes, Geneue refuse de recognoistre son Prince, Basle, Constance, Strasbourg, sont entree en alliance auec eux.

D'autres Citez se sont souslevees à mesme fin contre l'Empereur, contre les Princes, ou bien contre leur Senat domestic: car quelle ville y a-il qui au delà de cent ans n'aye chassé ou tué son Senat? & la cause de tous ces maux est ceste liberté recherchee contre les loix, & par toutes sortes de meschancetez.

Le Septentrion n'est pas en meilleur estat, Lubec, Hambourg, Dantisc, Rostoch, Breme, & les autres villes qu'on appelle Ansiatiques se sont vnies malgré l'Empire, & leurs richesses les ayant rendues presomptueuses, ont secoüé la domination des Seigneurs & Princes, sous l'authorité desquels elles s'estoient agrandies; laquelle mutation ne fust lors assez considerée, ou pour ce qu'elle arriua en diuers temps que le dommage qu'elle apportoit ne touchoit vn ſeul Prince, mais pluſieurs qui eſtoient entre-eux diuiſez: ſçauoir l'Empereur, l'Holſate, Dannemarch, Pruſſe, Saxe, & nombre d'Eueſques qui furent lors depoſſedez du domaine qui leur appartenoit; Ce premier pas fut fait pour aller affoiblir la puiſſance des Princes: mais l'on y proceda puis apaes aſſez lẽtement. Le Turc preſſoit lors les Venitiens peu courageux. Les Suiſſes paiſibles de leur naturel, n'eſtans riches, ny munis de Cauallerie, aimẽt mieux garder leurs pais, que de conquerir celuy d'autruy. La puiſſance des villes Anſiatiques eſtoit égalle à celle de quelque ſouueraineté que ce fuſt; & ne laiſſoient pourtant d'eſtre entre-elles diuiſées, & chacune auoit chez ſoy quelqu'vn que l'on jalouſoit, qui cherchoit de s'emparer de l'authorité, & ſe faire le maiſtre; ainſi n'ayant peu demettre l'Empereur ny les Princes de leur ſiege, ils ſe ſont contentez de les affoiblir, s'appropriant leurs richeſſes & reuenu ordinaire. D'où vient que l'Empire qui eſt grand, n'eſt qu'vn corps deſtitué de nerfs ſans ſes villes.

Cette Republique ainſi eſtablie, encore les eſprits n'eſtoient-ils d'accord s'ils choiſiroient le gouuernement d'vn ſeul ou de pluſieurs, & cependant qu'ils ſe mocquoient des

Princes & de la Noblesse, appellants ceux-là Senateurs de villes, & ceux-cy paisans, & valets de cuisine de quelque homme de Cour, ils declinerent tout d'vn coup en l'administration populaire.

Quand les Flamans, que le trop grand aise rendit mal'heureux, se reuolterent contre leur Souuerain. La cause impulsiue de leur souslcuement ne fut autre que pour s'affranchir de la domination d'Espagne. Le Prince d'Orange & autres conjurez pour n'estre tenus de rendre compte du changement qu'ils auoient fait des Magistrats ny de leurs autres actiõs, ils firent consentir aux villes par art ou par force, que les Senateurs de chacune auroient pouuoir de manier les deniers publics, & disposer des affaires comme ils iugeroient à propos, sans qu'ils en peussent estre recherchez. Telle fut la cause de leur rebellion, nõ la Religion, ny les exactions, ainsi qu'ils l'ont voulu publier; car les Estats pourueurent premierement à la Religion Catholique, puis recogneurent Mathias d'Austriche jeune Prince pour leur Gouuerneur. En troisiesme lieu esleurent pour leur chef le Duc d'Alençon qui estoit Catholique, & ne peuuent dire auec raison que la violence ou les impositiõs enormes les ayent fait souslever; veu qu'ils en ſupportent auiourd'huy dix fois dauantage qu'ils ne faiſoient lors: que ſi l'on regarde de prés à leurs loix, on trouuera qu'ils les ont tirées de celles des Venitiens: car celles qu'ils donnerent à Mathias Archiduc d'Auſtriche, ſont telles.

I. L'Archiduc gouuernera les Prouinces par le Conſeil des Eſtats, & luy ſeront donnez des Conſeillers par les ordres generaux des Eſtats, & les Originaires du pais declarez propres à telles charges par deſſus tous autres.

II. Tous affaires ſeront reſolus par la voix & ſuffrages des Conſeillers, & apres qu'ils auront eſté conclus, il ne ſera au pouuoir d'y deliberer de nouueau, ny changer quelque choſe.

III. Si quelqu'vn des Conſeillers ne ſe cõporte auec probité en leurs charges, ou qu'elle leur ſoit de trop grãd poids, à la priere des Ordres generaux, il y ſera pourueu.

IV. Aux affaires de grande importance, qui regarderont le bien General des Prouinces, le Gouuerneur n'y pourra prendre aucune reſolution ſans le conſentement des Ordres Generaux.

V. Qu'aux choſes difficilles, ou qui regardent toutes les Prouinces, comme les impoſitions,

ſitions, collectes de deniers, conditions de paix ou de guerre auec Princes ou peuples Eſtrangers, obligations & autres choſes ſemblables. Les Ordres Generaux ſeront tenus d'en communiquer aux principaux des communautez auant que de rien conclure; eſtant iuſte que ce qui regarde l'intereſt d'vn chacū ſoit par eux approuué, les Priuileges & Couſtumes du pays l'ayant ainſi de tout temps ordonné.

VI. Que le Gouuerneur ſans le Conſeil & conſentement des Ordres Generaux legitimement conuoquez, ne pourra eſtablir aucune nouueauté ou choſes inſolides, en vertu d'Ordonnance ou mandement de qui que ce ſoit.

VII. En tous les affaires auſquels le Prince naturel du pays, comme Duc de Brabant ſouloit danner ſa reſolution, reſpondant les Cahiers du Duché de Brabant, Le Gouuerneur ne le pourra faire que par l'aduis des Ordres Generaux, & les Deputez ſeront obligez de les repreſenter aux Eſtats Particuliers dudit Duché premier qu'à nuls autres.

VIII. Toutes lettres que receura le Gouuerneur qui concerneront en quelque ſorte l'Eſtat d'vne des Prouinces, ſeront par luy preſentées au Conſeil d'Eſtat, afin qu'il y ſoit deliberé & resolu.

IX. Qu'au Conseil d'Estat il ne sera traitté d'aucun affaire graue, difficille, ou qui regardera les trois Ordres, qu'en la presence du plus grand nombre, non autrement.

X. Que tous Actes, Decrets & Resolutiõs du Conseil seront annotées dans les registres, & souscrittes.

XI. Que le Gouuerneur restablira & confirmera les Coustumes, Priuileges & Institutions anciennes, cassées, surcises ou ostees par violence.

XII. Les Deputez des Ordres Generaux demeureront assemblez, tant qu'ils verront necessaire pour le paracheuement & expedition des affaires, comme aussi les Ordres Generaux se pourront assembler toutes & quantes-fois qu'il leur plaira.

XIII. S'il se presente quelque affaire d'importance, pour lequel il soit besoin d'assembler les Estats, vne Prouince le requerant, les autres seront tenues de s'y trouuer; & le pourront faire sans attendre sur ce les mandements ou consentement du Gouuerneur.

XIV. Aux ordres particuliers de chaque Prouince, sera permis de s'assembler quand ils voudront, & en tout temps.

XV. Le traicté de paix fait à Gand sera exactement obserué en tous ses poincts, sans qu'aucunement ny soubs aucun pretexte il puisse estre enfreint ou diminué.

XVI. Et afin que l'interpretation du Traitté susdit ne puisse apporter different ou difficulté l'explication des Articles qui auront quelque doubte, demeurera aux ordres Generaux legitimement assemblez.

XVII. Le Gouuerneur n'aura autres gens pour sa suitte, que ceux que les Ordres luy prescriront selon le temps & la saison, & n'en pourra demander d'auantage.

XVII. Le Gouuerneur & le Conseil qui luy sera donné par les Ordres Generaux pourront créer les Generaux d'armees, tant de terre que de mer; comme aussi l'Admiral, le Grand Escuyer, le Colonel de l'infanterie, & autres premieres charges de guerre.

XIX. Il ne pourra faire aucune leuee extraordinaire de gens à pied & à cheual, ny mettre aussi garnison dans les villes, sans le sceu & consentement des Ordres, & les aduis des habitans preallablement ouys.

XX. Ne pourra pareillement establir des Gouuerneurs aux Prouinces, sans le Conseil & consentement, tant des Ordres Generaux que des Prouinces: & prendra garde qu'ils ſoient (ſi faire ſe peut) habitans d'icelles Prouinces ou Regions, & qu'ils y ayent des poſſeſſions & du reuenu, ou du moins qu'ils ſoient agreables aux peuples auſquels ils doiuent commander.

XXI. Il adminiſtrera en temps de guerre les plus importants affaires, & executera ce qui luy ſera preſcrit par le Conſeil de guerre que les Ordres Generaux eſtabliront prés de luy.

XXII. Le Conſeil de guerre qui ne regardera l'aduantage des Eſtats ne ſera point executé, que les Ordres Generaux n'en ayẽt eſté premierement infoimez.

Par le reſte des articles qui ſuiuent, il eſt ordonné qu'ils obſerueront tout ce qui leur ſera commandé, & promettront par ſerment de l'executer; & par l'Article vingt-ſixieſme, ils s'attribuent la diſtribution des deniers, & la poſſeſſion de leurs threſors. Finalement, ſi le Gouuerneur manque d'obſeruer ces Articles ou quelques autres, ils declarent qu'ils pourront iuſtement l'attaquer & luy faire la guerre.

Plus ample pouuoir ne fut donné au Comte de Leinceſtre, lequel en l'an mil cinq cens quatre vingt ſept s'en retourna en Angleterre, pource qu'il n'auoit parmy eux que les parements, & non l'authorité d'vn veritable Gouuerneur. Aussi dient-ils ouuertement, Que leurs Gouuerneurs ne peuuent rien, ou peu de chose sans le consentement des Ordres, d'autant qu'ils ne sçauroient disposer d'aucune chose, fors que du reuenu des impositions qui sont affectees à la nourriture & entretenement des charges de sa maison; Les Ordres s'attribuants en outre l'authorité de corriger leur chef, non seulement de paroles, mais de fait; Et de chastier les Conseillers qui l'assisteront, ainsi que peu apres il arriua à Leïden, ou les amis du Comte de Leincestre furent mis à mort.

Que font-ils donc autre chose, que de parer la Statuë de leurs Princes d'vn nom specieux, appellant leur Gouuerneur celuy qui n'a aucune faculté d'agir? Le Duc des Venitiens aux pompes publiques est Prince, au Conseil il n'est que Senateur; Captif dedans la ville, & dehors criminel; luy estant deffendu, sur peine de la vie, de sortir sans congé. Le Prince ou Gouuerneur dés Hollandois n'a rien de plus en apparence, & moins encore dedans les fanfares publiques.

C'est pourquoy Matthias ieune Prince fut conseillé par l'Empereur sur son frere, & par le Roy Catholique, de se retirer & mettre en liberté.

Peu de temps apres, sçauoir en l'an mil cinq cents quatre vingts deux, ils appellerent de France le Duc d'Alençon, frere du Roy, pour le masquer de cette qualité de leur Prince; Lequel estant arriué a Anuers auec magnificence, l'esleurent pour leur Gouuerneur, mais sans aucun pouuoir; dequoy se sentant offencé, & qu'ils se mocquoient, ne luy donnant qu'vne qualité imaginaire, il s'en voulut ressentir; Et apres y auoir perdu beaucoup de Noblesse & de soldats, il s'en retourna en France, publiant que les Flamans ne demandoient pas vn Prince pour leur commander, & qu'ils n'en vouloient que l'ombre seulement & la figure; Dont il ne se faut estonner, pour ce qu'ils n'auoient non plus d'enuie de se soubmettre à vn François qu'à vn Espagnol : mais bien de regir leurs mouuements soubs le nom d'vn Prince de France; Ainsi tout ce qu'ils negotierent auec le Duc d'Alençon ne fut que feintise, & la haine qu'ils portoient aux François, ne demeura longnement sans estre descouuerte.

Leur dissimulation n'estoit encore alors venue à son periode: car estant haïs, tourmentez, & pressez par les François, ils recoururent en Angleterre en l'an mil cinq cens quatre vingts quatre, dont ils ramenerent pour la seconde fois le Comte de Leincestre; mais à peine eut-il commencé de faire la charge de Gouuerneur, qu'vne partie de ceux qui estoient prés de luy furent tuez, ce qui luy donna occasion de s'en retourner.

Si donc ils n'ont peu souffrir leur Seigneur naturel, aussi peu vn Allemand, François, ou Anglois: Qui ne veoit que ç'à esté pour establir vne autre forme de Republique, & qu'ils n'ont appellé à eux des Princes illustres que pour les honorer de tiltres imaginaires, & garder par deuers eux les solides & veritables?

Ils n'ont depuis ce temps là fait autres choses que d'exciter des broüilleries & sousleuemens, ou bien de les appuyer & fauoriser: car à quoy pouuoit tendre ce qui se passa en Angleterre pour la liberté? A quelle fin ce qui est arriué en France auec les Huguenots? n'ont-ils pas ensemblément conspiré, fait des assemblées secrettes, & collectes de deniers, afin d'esbranler s'ils pouuoient le Royaume de France, & rendre la puiſſance des Roys eneruée?

Henry quatrieſme ne l'ignora pas, duquel l'Ambaſſadeur aduertit ceux des autres Princes, lors que la Trefue entre Eſpagne & eux ſe negotioit, qu'il ne deſiroit l'agrandiſſement des Hollandois, & qu'il ne le iugeoit expedient pour ſon Eſtat, ny ceux de ſes voiſins.

Et toutefois le meſme Roy qui les a aſſiſtez puiſſamment d'argent & de forces, les a depuis eſpreuué pour les plus ingrats de tous les hommes, par ce qu'ils ont fait des menées clandeſtines auec les Huguenots de France, & ont opprimé le Roy Louys ſon fils autant qu'ils ont peu; eſtant veritable que le Roy Louys ſe voyant agité par la diſcorde des Princes de ſon Royaume, voulut ſe promettre, qu'en ſouuenance des grands bienfaits que les Hollandois auoient receu de ſon pere, ils luy donneroient ſecours; mais tant s'en faut qu'ils l'ayent aſſiſté, qu'au contraire ils ne voulurent permettre aux troupes Françoiſes qui ſont en garniſon dans leurs villes, & ſoldoyees par le Roy, d'aller deffendre la cauſe de leur Seigneur naturel, & preſſerent meſme ſa Maieſté au fort de ſes affaires, auec importunité,

d'enuoyer

d'enuoyer la solde qui leur estoit deuë. Par ainsi le Roy de France ne peut douter, moins encore celuy d'Angleterre, qui a plus grande cognoissance des deportemens des Hollandois que nul aurre, qu'ils n'affectionnent rien tant que le gouuernement populaire, & qu'ils desployeront volontiers leurs efforts quant ils penseront mettre bas la puissance des Roys, quoy qu'ils ayent esté par eux protegez.

En mesme temps par vn long chemin & plein de perils, ils enuoyerent secours aux Venitiens à l'encontre du Roy Ferdinand, qui ne les auoit oncques offencé, non pas seulement de parolle; Pourquoy, ô Hollandois, auez vous abandonné le Roy de France à son besoin, qui est vostre voisin, qui s'est monstré Protecteur de vostre liberté, qui vous a remis tant de millions d'or que vous luy deuiez? Pourquoy auez-vous retenus ses Regiments quant il les vous a demandé ? & toutefois auec tant de soin & de despence vous secourez les Venitiens : ce n'est pas la Religion qui vous y a conuié, par ce qu'ils sont tous deux Catholiques; Aussi peu auez-vous consideré leurs merites, pource que vous deuez au Roy de France ce que vous possedez, & mesme vostre vie & liberté.

Quelle peut estre donc la cause qui vous y a inuité? la haine seule que vous portez à la Royauté, & l'amour que vous auez pour establir l'Aristocratie & Democratie.

Vous auez troublé l'Allemagne d'vne semblable furie, quand vous auez entrepris de soustraire du corps de l'Empire l'Archeuesché de Cologne pour vous l'approprier, & l'vnir à vostre puissance, afin d'auoir suffrage à l'Eslection de l'Empereur, & que par apres vous puissiez disposer de tout l'Empire.

Comment vous deffendrez-vous d'auoir attacqué auec vne armée le Duc de Brunsuich, & assisté sa ville contre luy, qui est parent proche du Roy de Dannemarch, & du Marquis de Brandebourg, vos alliez & confederez? Ce n'est en ce poinct que vous pouuez alleguer la Religion: car iamais le Caluinisme ne fut plus violamment, constamment, ny auec plus de rage attaqué qu'en la ville de Brunsuich: ce qui monstre que c'est la seule haine que vous portez au Gouuernement Ducal, & l'affection que vous auez à celuy du peuple.

I'adiouste que Magdebourg est entree en ligue auec vous, & desirerois sçauoir à quelle fin ceste Cité tant esloignée de vous a besoin de vostre amitié ? La Hollande qui est ennemie jurée des subsides, n'auroit-elle point leué les armes contre le Marquis de Brandebourg, & le Duc de Saxe, ou contre tous deux pour ce mesme suiet ? Pourquoy contre la maison de Brandebourg qui vous est alliée & interessee en vostre amitié ? Ie sçay que vous me respondrez, que vous estes prests de faire la guerre pour toutes Citez contre quelque Prince que ce soit, & que vous ne considererez que les genres d'hommes, & non leurs causes.

Les villes Ansiatiques sont aussi vnies auec vous, non pour autre subiet que pour vous faire redouter par le Roy de Dannemarch, le Duc de Saxe & autres, que ces villes puissent sous vostre aueu faire teste aux Princes leurs voisins, & s'ils peuuent les opprimer.

Mais tout cela est vieil, vous haïssez maintenant le Roy de France, & auez esté si outrecuidez de l'offencer; vous vous estes ioints auec l'Anglois, pource que vous auez trouué trop de difficultez à esbranler le Royaume de France, & qu'en celuy d'Angleterre vous esperez d'y mieux dresser vostre partie, pource qu'il n'est appuyé que sur vn heritier; & toutefois vous vous estes retirez du Roy de la Grand Bretagne, desflors qu'il a proietté de s'allier auec Espagne: Ainsi vous cherissez auec plus de soin les Venitiens, & les villes Ansiatiques, & en faueur de l'Anglois auez fait mourir Barnauet amy des François.

Que si ces choses ne sont encore assez cogneues, apres la rebellion de Boheme, personne n'en peut plus douter. De tous ceux qui viuent sous l'authorité des Rois, les plus libres estoient ceux de Boheme : neantmoins par vne cruauté barbare non vsitée entre Chrestiens, ils ont precipité du haut en bas des fenestres leurs Magistrats, nobles d'extraction & de vertu; & les ont condamnez à mort comme criminels, sans toutefois ouïr leurs deffences; Aussi-tost les Ambassadeurs de Hollande y accoururent, qui offrirent de les assister; non contens de ce, ils courent aux autres Prouinces pour les esmouuoir, afin qu'elles s'establissent en Republiques, soient regies par des Directeurs, & que desormais elles ne dependent que de leur seule volonté. D'autres Princes ont fauorisé les Bohemes, mais pource que ce sont personnes foibles d'aage & de iugement, il suffit de penser quels ils sont, sans les nommer, lesquels pourtant doiuent considerer en eux-mesme, quelle doit estre vn iour la forme de leurs Estats, si la Boheme, Silesie, Morauie & Austriche, ont quitté le commandement d'vn seul, pour ce ranger sous celuy du Peuple? Si Vlme & Noremberg leur sont iointes, qui doubte que Amberque & le haut Palatinat ne recherche la mesme liberté? il est infaillible que ces Directeurs ioindront a leurs marches tout ce qui leur est voisin; & se confiant en leur puissance, ils tireront les autres villes à leur faction, & ne laisseront à leurs Princes que ce qu'ils ne pourront leur enleuer: Que si l'on demande au Senat d'Vlme ou de Nuremberg pourquoy à leur dommage & en pure perte ils épanchent tant d'argent parmy ces rebelles de Bohemes, contre l'Empereur? ils respondront sans doute, que c'est afin que le gouuernement Aristocratic ou Democratic soit estably parmy eux: Auspac & Brandebourg leurs voisins sont à redoubter, que le Palatin leur est suspect, qu'il y a tousiours quelque different à demesler entre les Princes & les Villes, & bien souuent des troubles, & que la Royauté est tousiours ennemie des villes libres. Ces mesmes raisons que les Bohemes alleguent pour iustifier leur rebellion contre leur Roy, ne manqueront d'eſtre alleguées par ceux du Palatinat & des autres villes, voire peut-eſtre de plus ſpecieuſes ; mais vous eſtes abuſez ſi vous croyez que ceux de Nuremberg, Spire, Vvorme, vueillent que le Prince Palatin deuienne puiſſant; tant s'en faut que leur intention ſoit telle, que leur deſſein eſt de debiliter la puiſſance des Princes leurs voiſins, afin de mieux affermir leur liberté ; le deſir n'eſt qu'vn, des Hollandois ; Suiſſes, Venitiens, Bohemes ; & pour ce (dient-ils) que ayans pluſieurs differents à vuider auec leurs voiſins qui ſont puiſſants, ils n'en peuuent auoir raiſon ; que iamais leurs Senateurs ou Syndics qui poſſedent des biens dans le Palatinat, ne peuuent eſperer aucune recompenſe de ce que ce Prince leur detient iniuſtement, & pource que la confederation des Citez & peuples libres doit eſtre fauoriſée, que ceſte entrepriſe auoit eſté proiettée il y a plus de qnatre-vingts dix ans, lors de la guerre des Payſants, quoy que inconſiderément, mais que maintenant par vne meure deliberation il falloit oppoſer les Roys aux Roys, les Princes aux Princes, iuſques à ce qu'eſtans affoiblis de part & d'autre, ils ne puiſſent forcer les villes à demeurer en leur obeyſſance. Auſſi n'ont-ils rien tant à contre-cœur, que de veoir vne ferme paix entre France & Espagne, & pour ce appellẽt les Alliãces qui ont esté n'agueres faictes en eux; Des mariages detestables. Dés lors ils n'ont cessé de remuer tous moyens pour faire que l'Anglois fist la guerre, & s'abstint de l'Alliance d'Espagne: Ceux de Boheme ne cõfiẽt pas leur liberté à ceux qui leur ont procurée; Mais quelle est ceste liberté; veoir épuiser les finances par ces trente Directeurs, estre trauaillez continuellement de coruees, opprimé par des gens de guerre; & pourtant ils souffrent plus patiemment telles extorsions, qu'ils ne font leur Prince; d'autant qu'ils ont commis le commandement à plusieurs égallement, & donné l'authorité souueraine à ceux de longue robbe par dessus ceux de l'espée.

Ce que les Bohemes ont practiqué, n'ayãts declaré pour conducteur de leurs armées, celuy en qui tout le monde eust confiance, & qui eust aussi pouuoir sur eux de vie & de mort, & toutefois ils sont tombez en telles miseres, que n'ayant voulu se confier aux Princes Serenissimes, ils ont soubmis leurs teste au Bastard de Mansfeld, homme sans foy, qui a violé tout droict diuin & humain, & qui ne peut disposer son esprit à luy pardonner. D'où vient que deſeſperez de leurs affaires, ils cherchent des Eſtrangers qui ſoient ſans probité pour les aſſiſter, & auſquels il ne puiſſe tomber dans l'eſprit, qu'vn iour ils puiſſent regner en Boheme.

C'eſt ce qu'ils ont appris des Hollandois, leſquels ont eu long temps en honneur Maurice leur Gouuerneur, qui n'auoit autre authorité que celle qu'ils luy auoient donnée, & luy ont oppoſé Barnauel comme vn Fabius à Scipion, & Hanno à Hannibal; & depuis qu'ils l'ont veu accreu de l'heredité de ſon frere, ils ont commencé de le hayr, & l'euſſent enuoyé en Oſtraciſme, comme il ſe faiſoit anciennement; ſi eſtant plus fin & vigilant qu'eux, il ne les euſt preuenus; & qu'apres la mort de Barnauel, il n'euſt ietté dans les villes des Officiers & Magiſtrats de ſa faction; & pourtant la haine n'eſt pas encore du tout eſteinte contre luy, pource que l'apprehenſion qu'ils ont eu de tomber en ſa ſeruitude, les trauaille encore, ou bien de celle des Anglois; d'où vient qu'ils deſirent veoir toute l'Allemagne en rumeur.

Ce que deſſus eſt confirmé par ceux que les Princes employent en leurs negotiations, & par les façons dont leurs Conſeillers ont couſtume d'vſer. Ceux qui traittent

auiour-

auiourd'huy les grands affaires au Conſeil ſecret des Princes, ſont volontiers contraires aux Monarchies & Principautez, & n'appreuuent que le gouuernement de pluſieurs; la plus grande part d'entr'eux eſtans nez dans les affaires publiques, rapportent volontiers leurs conſultations à leur profit particulier: Qui peut dénier que depuis l'annee mil cinq cents quatre-vingts dix, on n'ait veu dans la Cour du Prince Palatin, à Heidelberg, les Ambaſſadeurs des rebelles de Hollande, eſtre preferez aux plus Nobles & Comtes du pays, & que les Eſtrangers eſtoient mieux traittez que les fils des Citoyens de la ville; Qui ne ſçait qu'ils ont couſtume de ſeduire les Conſeillers des Princes, & de ce les acquerir, afin qu'ils portent leurs Maiſtres à fauoriſer leurs affaires?

Finalement ce Genre d'hommes, fin, cauteleux, impatient de commandement, ſe gliſſent parmy toutes les Cours des Princes, que le Roy de la Grand Bretagne appelle Puritains: & qu'ils ne ſoient tels, les Catholiques, Lutheriens, Caluiniſtes, & autres pretendus reformez le teſmoignent; & tout ainſi qu'ils diſſipent la diſcipline Eccleſiaſtique; de meſme veulent-ils mettre en piece la Monarchie pour en façonner vn regime populaire.

Ainſi l'on veoit clairement que les perils qui menacent les Roys & Princes, viennent d'eux; & que par importunité ils ont forcé les Bohemes à reſoudre que ceux qui n'approuueroient leurs Synodes, fuſſent chaſſez de leurs villes.

Les moyens qu'ils prattiquent pour renuerſer la plus ferme Monarchie ſont trois. Les calomnies auec leſquelles ils rendent les Monarques odieux; Les ſeditions qu'ils allument en leurs pays, & la guerre qu'ils y iettent pour les ſaccager: Ceux rempliſſent la terre de menſonges & d'impoſtures, qui ſont ſi oſez que d'entreprendre contre les Roys; auſſi n'y a-il rien de ſi expoſé aux calomnies que les actions de ceux qui regnent, eſtant au pouuoir de ceux qui viuent en vne liberté effrenee d'en bien parler. Abſalon calomnia ſon pere qui eſtoit Roy & Prophete, Tes propos (dit-il) ſemblent bons, mais perſonne n'eſt commis par le Roy pour en iuger.

Ce mal eſt né auec le gouuernement populaire, veu que meſme dans la Republique Romaine il ne s'eſt trouué vn ſeul Tribun du peuple qui n'aye accuſé de crime les Cõſuls & le Senat. La matiere pour meſdire eſt ample dans vn Royaume, parce que plusieurs qui ne ſçauent les cauſes de ce qui ſe fait, blaſment les Rois de tyrannie, prennent leurs pretextes ſur les impoſitions & peages qu'ils leuent, les abaiſſent autant qu'ils peuuent; calomnient (ſi beſoin fait) les biens qu'ils ont receus, & ſe vantent ſouuentefois d'eſtre en leur pouuoir de ietter la guerre dans leurs Eſtats, & de l'y nourrir par impoſtures; Non contents des calomnies, ils y adjouſtent les effects, & diſſipent les puiſſances: Sement des haines parmy leurs ſubiets, ſoupçons, diſſenſions, & les entretiennent curieuſement, ainſi que clairement ie le puis monſtrer.

Il y a eu pluſieurs diſcordes en France: & ceux qui cherchent de diuiſer ce Royaume, & au lieu d'vn Roy faire pluſieurs Ducs, pour eneruer ceſte puiſſance, ils aſſiſtent la faction contraire à la Royauté. C'eſt pourquoy les Hollandois refuſerent d'enuoyer au Roy ſa milice de Lantgraue de Heſſen, le Palatin, auec leſquels la France eſt nouee d'ancienne Alliance, ont fauoriſé les ſecours enuoyez contre le Roy, aydent pluſtoſt à la nation qu'au Roy, non pas les Princes meſme, mais leurs Conſeillers qui appuyent la

Democratie, & lesquels publient à haute voix qu'il vaut mieux deffendre Boüillon que Bourbon.

Mais quelle en a esté l'issuë ? Les Princes voyant le Roy sur le poinct d'estre le Maistre, s'offrent à le secourir. Quant aux Conseillers des Princes d'Allemagne, qui sont à la solde des Hollandois, leur but est que la puissance Royalle soit dissipee, afin que les Princes venans à s'affoiblir, les villes se puissent conseruer en liberté; laquelle quelques-vnes de France se sont efforcees d'vsurper: & toutes se nourrissent en ceste esperance: Car à quelle occasion vn vieillard de Brabant eust-il persuadé à vn ieune Prince qu'il ioignist ses forces à ceux qui assailloient vn ieune Roy, sinon pour renuerser la Royauté, & monstrer aux subiets du Palatinat, de quelle sorte ils pourront vn iour agir à l'encontre de leur Prince?

D'auantage, y a il rien de plus pernicieux, ny de plus vsité parmy eux, que de susciter des ennemis aux Rois, afin de les affoiblir? ce que toutefois nous leur voyons practiquer tous les iours. Ceux de Brabant par Mer & par Terre, depuis le Leuant iusques au Couchant, sont en queste de quelque ennemi puissant qui ose attaquer le Roy d'Espagne, ou ceux qui luy attouchent de proximité de sang, ou d'affinité.

Auec quel effort ont ils assisté les Venitiens contre Ferdinand ? & maintenant par des grandes promesses ils eschauffent les esprits des Bohemes, & essayent d'esbranler toute l'Allemagne. Ils se persuadent que quant la maison d'Austriche seroit rentree dans ses Royaumes & Prouinces, & qu'elle auroit aneanti le regime populaire, en s'alliant auec les Suisses, Venitiens, villes Ansiatiques & Imperialles, ils ne seront pas seulement assez forts pour luy faire teste, mais qu'ils pourront reduire sous leur puissance les autres Princes.

Ils ne se seruent de la Religion sinon entant qu'elle leur est vtile pour les agrandir, ainsi que tous leurs deportements le demonstrent. Les Venitiens qui sont Catholiques sont alliez du Roy Tres-Chrestien, du Duc de Brunsuich Lutherien, des Suisses Iuingliens, des Bohemes Hussites, Picardites Lutheriens; ils ont chez eux leurs Armeniens, & quoy qu'ils eussent bien merité d'eux, si les ont-ils mis à mort, bannis, confisqué leurs biens, detenus prisonniers, & notez d'infamie. Mais quel erreur reprennent-ils en la Doctrine des Armeniens, puis que les Lutheriens enſeignent la meſme choſe; ſi l'on conſidere cinq principaux poincts? comment peuuent-ils donc eſtre Protecteurs de la foy des Bohemes, Sileſiens, & de ceux d'Auſtriche, veu qu'ils ſe vantent d'eſtre les deffenſeurs des Euangeliques, puis qu'en leur maiſon ils chaſtient ſi rudement ceux qui faillent en moins d'articles de leur foy? Tous leurs deſſeins ne tendent qu'à reduire les Rois & Princes en Ordre, que le peuple & les Eleus tirez des plus bas ſieges, ayent le commandement abſolu.

Et afin que les Princes Proteſtans ne découurent leurs deſſeins, & qu'ils dorment ſans ſoupçon ou deffiance de tels perils, ils feignent de nouueaux pretextes, & les intimident d'vne tyrannie Papale ou Eſpagnole, la liberté de la Religion, l'eſperance d'occuper les Eueſchez; & quand les Princes ſe ſeront longuement entrebattus, ils puiſſent enuahir les plus foibles, & donner le gouuernement au peuple.

Et pour ce, eſueillez-vous, ô Rois & princes, pour deffendre vos droicts & vos Majeſtez, protegez les Rois & princes vos voiſins: Ce que les Anglois ont oſé, les Anglois l'entreprendront; Ce que les Bohemes ont executé, les Saxons feront le meſme, & ne leur manqueront pour ce faire les hommes ny l'occasion. Qui deffend les rebelles, il apprend à ses subiets de ce reuolter. Qui preste l'oreille aux Estrangers qui calomnient leur Magistrat, il ouure la porte aux seditions intestines; & si vous prestez secours aux rebelles contre leur Roy, quand ils auront vaincu leur naturel Seigneur, ils armeront les vostres contre vous.

FIN.

Par grace & priuilege du Roy, il est permis à Pierre Rocolet Marchand Libraire a Paris, d'imprimer & debiter vn Liure intitulé Aduis pour la conseruatiō des Royaumes & principautez, sur le subiect des guerres de ce temps. Auec deffences à tous autres Imprimeurs & Libraires, de le contrefaire, à peine de deux cents liures d'amende, comme plus à plain est porté par ses Lettres de Priuilege, pour le temps de deux ans, Données à Paris le 11. Januier 1620.

Signé

DV LYS.

Seconde Edition.

www.ingramcontent.com/pod-product-compliance
Lightning Source LLC
LaVergne TN
LVHW020253230826
846091LV00006B/2393
9782019718763